Para mis padres.
Y para mi pequeño hermano invisible.

Primera edición, 2016

Pez, Ana
Mi pequeño hermano invisible / Ana Pez. – México : FCE, 2016
[32] p. : ilus. ; 26 x 26 cm – (Colec. Los Especiales de A la Orilla del Viento)
ISBN: 978-607-16-3579-2

1. Literatura infantil I. Ser. II. t.

LC PZ7 Dewey 808.068 P574m

Distribución mundial en español, excepto España

Carretera Picacho Ajusco, 227; 14738 Ciudad de México
www.fondodeculturaeconomica.com
Comentarios: librosparaninos@fondodeculturaeconomica.com
Tel.: (55)5449-1871

Colección dirigida por Socorro Venegas
Edición: Angélica Antonio Monroy
Formación: Miguel Venegas Geffroy

ISBN 978-607-16-3579-2

Se terminó de imprimir y encuadernar en abril de 2016 en Impresora y Encuadernadora Progreso, S. A. de C. V. (IEPSA), calzada San Lorenzo 244; 09830 Ciudad de México.

El tiraje fue de 11 500 ejemplares.

Impreso en México • *Printed in Mexico*

Mi pequeño hermano invisible

Ana Pez

LOS ESPECIALES DE
A la orilla del viento
FONDO DE CULTURA ECONÓMICA

Mi hermano cree que es invisible.

Todo comenzó cuando le propuse inventar una máquina de invisibilidad.

—¡Desaparécete!

Como en todos los grandes descubrimientos,
la casualidad jugó un papel importantísimo...

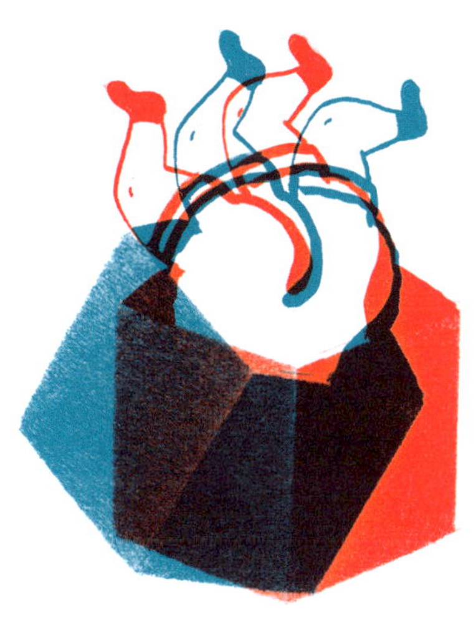

Y el día en que mi hermano salió de casa para probar su máquina, descubrió un enorme secreto: los niños invisibles ven cosas que los otros no. Entonces...

Caminó entre fieras salvajes.

Se cruzó con un despiadado dragón
que escupía fuego y ceniza.

PIZZA

Subió al espacio, y consiguió esquivar una turba de robots y astronautas.

Se escapó de un feroz dinosaurio de afilados dientes.

Y descendió hasta las profundidades del mar…

tattoo
hamBuRGe

RITA

donde una trepidante ola de criaturas marinas
parecía haber descubierto su secreto.

"Pero eso es imposible —pensó mi hermano—. Nadie puede ver a los niños invisibles porque nosotros no le tememos a nada." Él estaba seguro de eso hasta que... ¡tropezó con un oso!

Entonces tuve que aparecer.

Porque tener un hermano invisible es una aventura emocionante,
pero siempre tienes que estar listo para lo inesperado.